Míralos crecer

Mira cómo crece una piña

por Kirsten Chang

Bullfrog en español

Ideas para padres y maestros

Bullfrog Books permite a los niños practicar la lectura de texto informacional desde el nivel principiante. Las repeticiones, palabras conocidas y descripciones en las imágenes ayudan a los lectores principiantes.

Antes de leer

- Hablen acerca de las fotografías. ¿Qué representan para ellos?
- Consulten juntos el glosario de fotografías. Lean las palabras y hablen de ellas.

Durante la lectura

- Hojeen el libro y observen las fotografías. Deje que el niño haga preguntas. Muestre las descripciones en las imágenes.
- Léale el libro al niño o deje que él o ella lo lea independientemente.

Después de leer

- Anime al niño para que piense más. Pregúntele: ¿Te gusta comer piña? ¿Puedes explicar cómo crece?

Bullfrog Books are published by Jump!
5357 Penn Avenue South
Minneapolis, MN 55419
www.jumplibrary.com

Library of Congress Cataloging-in-Publication Data

Names: Chang, Kirsten, 1991– author.
Title: Mira cómo crece una piña / por Kirsten Chang.
Other titles: Watch a pineapple grow. Spanish
Description: Bullfrog books. | Minneapolis, MN: Jump!, [2019] | Series: Míralos crecer
Includes index.
Identifiers: LCCN 2018034358 (print)
LCCN 2018037588 (ebook)
ISBN 9781641285209 (ebook)
ISBN 9781641285193 (hardcover: alk. paper)
Subjects: LCSH: Pineapple—Juvenile literature.
Pineapple—Growth—Juvenile literature.
Classification: LCC SB375 (ebook)
LCC SB375 .C4318 2019 (print) | DDC 633.5/76—dc23
LC record available at https://lccn.loc.gov/2018034358

Editor: Jenna Trnka
Designer: Michelle Sonnek
Translator: Annette Granat

Photo Credits: Max Lashcheuski/Shutterstock, cover (pineapple); Jan Havlicek/Shutterstock, cover (plant); fotostorm/iStock, 1; ifong/Shutterstock, 3; ktaylorg/iStock, 4 (girl); Ivica Drusany/Shutterstock, 4 (background); eWilding/Shutterstock, 5; showcake/Shutterstock, 6, 22t; Monrudee/Shutterstock, 7, 22mr; tanewpix/Shutterstock, 8–9, 23tl; KANIT TEEBET/Shutterstock, 10–11, 22br; jipatafoto89/Shutterstock, 12–13; NATTHAPHONG PHRACHAN/Shutterstock, 14–15, 22bl; 9comeback/Shutterstock, 16–17, 22ml, 23bl; Marco Simoni/Getty, 18; Petr Student/Shutterstock, 19 (truck), 23tr; Evlakhov Law Gavel/Shutterstock, 19 (pineapples), 23tl; Alon Othnay/Shutterstock, 20–21; Buntoon Rodseng/Shutterstock, 23br; Tim UR/Shutterstock, 24.

Printed in the United States of America at Corporate Graphics in North Mankato, Minnesota.

Tabla de contenido

Una corona llena de hojas

A Nel le encanta la piña.

¿Cómo crece?

La piña crece en una planta.

No crece de una semilla.

Un agricultor agarra parte de una planta vieja.

Una planta nueva nace de ella.

tierra

¿Qué necesita para crecer?

Tierra arenosa.

Luz del sol.

Calor.

A la planta le salen muchas flores.

flor

Las flores crecen.

Empiezan a pegarse entre ellas.

Así nace la fruta.

fruta

¿Está lista para recogerse?

¡Sí!

Está amarilla.

Está madura.

Los agricultores cortan cada piña de la planta.

Las despachan.

Compramos una
en el supermercado.

¡Nos encanta la piña!

El ciclo de vida de una piña

¿Cómo crece una piña?

Glosario de las fotografías

calor
Cuando algo tiene una temperatura caliente.

despachan
Envían de un lugar a otro.

madura
Que ha crecido por completo y está lista para comerse.

tierra
Otra palabra para terreno.

Índice

Para aprender más

Aprender más es tan fácil como 1, 2, 3.

1) Visite www.factsurfer.com

2) Escriba "piña" en la caja de búsqueda.

3) Haga clic en el botón "Surf" para obtener una lista de sitios web.

Con factsurfer.com, más información está a solo un clic de distancia.